NOTICE

SUR

L'INVASION ALLEMANDE

A LA FERTÉ-BERNARD

EN 1870-1871.

Mamers. — Imp. de G. FLEURY et A. DANGIN. — 1878.

NOTICE

SUR

L'INVASION ALLEMANDE

A LA FERTÉ - BERNARD

EN 1870-1871

Par Léopold CHARLES,

Membre de l'Institut des provinces, Correspondant du Ministère de l'Instruction publique,

PUBLIÉE

Par l'abbé Robert CHARLES

Membre de l'Institut des provinces de France, Vice-président de la Société Historique et Archéologique du Maine, Membre de la Société française d'Archéologie, des Sociétés Archéologiques de Touraine, du Vendômois, etc.

PARIS

CHAMPION, quai Malaquais.

DIDRON, rue Saint-Dominique-Saint-Germain, 23

ÉDITEURS.

LE MANS

PELLECHAT

LIBRAIRE - ÉDITEUR

Rue St-Jacques.

1878.

NOTICE

SUR

L'INVASION ALLEMANDE

A LA FERTÉ - BERNARD

EN 1870-1871.

La plupart des villes envahies par l'armée allemande ont eu leur historien. Bien que le sujet rappelât de pénibles et douloureux souvenirs, il importait en effet de retracer la ligne de conduite de chaque parti, de faire retomber la responsabilité d'événements si graves sur ceux qui en ont été les causes directes ou indirectes, et de rappeler des actes de dévouement d'autant plus méritoires qu'ils se sont produits au milieu d'une défaillance quasi générale.

Jadis la tradition eût plus facilement conservé la mémoire de ces faits, pieusement recueillis, au foyer domestique, de la bouche de leurs témoins. Mais aujourd'hui, il n'y faut plus compter : les liens de la famille se sont trop relâchés chez nous, depuis que nous avons cessé d'identifier nos intérêts et notre honneur avec ceux de la cité, et que le sentiment, un peu trop exclusif peut-être, d'amour du clocher a cédé la place à un patriotisme plus vague, plus abstrait et plus général, qui a perdu en intensité pour atteindre une étendue mal définie. Les souvenirs, en ce temps-ci, pour ne pas périr, demandent à n'être pas seulement confiés à la mémoire; il est nécessaire qu'ils soient écrits.

Nous nous sommes pris à regretter l'absence de documents imprimés sur l'invasion allemande dans notre ville, surtout lorsque nous avons constaté autour de nous l'existence de nombreux récits, publiés par l'initiative de particuliers ou sous les auspices de sociétés savantes, qui ont compris tout l'intérêt de semblables relations pour l'histoire générale de la guerre de France. Il nous a semblé que cette défense d'une ville par une poignée de gardes nationaux, qui reçoivent, contre toutes les règles de l'art militaire, l'ordre d'arrêter par leurs seules forces une armée tout entière entrant, je ne dirai pas dans leurs murs, mais dans leurs rues ouvertes, était un fait assez caractéristique pour n'être point passé sous silence. Que la résistance ait été insensée, si l'on veut, de la part de ceux qui en ont été les inspirateurs, elle n'honore pas moins les défenseurs de la cité, et mérite pour les regrettables victimes de cette triste journée quelques pages consacrées à leur mémoire.

Ce sont ces considérations qui nous engagent à livrer à l'impression quelques lignes écrites par M. Léopold Charles, en dehors de toute prévision de publicité, et adressées en 1872, sous forme de lettre, à M. le Président de la société d'agriculture, sciences et arts de la Sarthe. Malgré des détails tout personnels, nous en avons respecté le texte, en nous bornant à ajouter quelques mots au bas des pages, dans le but de compléter ce récit auquel le lecteur ne reprochera sans doute que trop de concision et de brièveté.

R. CHARLES.

Monsieur le président,

Je me proposais depuis longtemps de réunir sur l'occupation allemande dans notre région, mes souvenirs et ceux d'autrui et de les consigner dans une note; mais le temps m'a manqué jusqu'ici et des circonstances défavorables m'ont aussi arrêté. Néanmoins je n'ai point renoncé à mon projet, et j'espère trouver l'occasion et le loisir de l'exécuter (1).

Comme conseiller municipal et adjoint, je siégeais à l'hôtel de ville de La Ferté le mardi 22 novembre 1870, à huit heures du soir, avec quelques-uns de mes collègues, le maire de La Ferté et celui de St-Antoine, intéressé comme celui de Cherré et au même titre que nous, dans la question de la défense de la ville, puisque les faubourgs de La Ferté dépendent de ces deux dernières communes (2). Lorsque l'intensité de la fusillade eût suffisamment révélé la présence de forces

(1) Cette promesse n'a pu malheureusement être remplie.

(2) La présence de l'armée allemande à Nogent-le-Rotrou était signalée à 4 heures de l'après-midi, à La Ferté, où l'on s'attendait à la voir paraître le lendemain seulement. Mais l'avant-garde, poussant une pointe sur notre ville, s'avançait sans retard par trois routes à la fois, par la

ennemies considérables, au lieu des quelques éclaireurs
qu'on nous avait annoncés, les maires de Cherré et de
St-Antoine prirent le parti de sortir de l'hôtel de ville,
malgré le danger, et d'aller avertir leurs gardes nationaux
de pourvoir à leur sûreté. Le maire de St-Antoine put
seul s'échapper; celui de Cherré, M. Herpin, moins
heureux fut saisi dans le faubourg des Guillotières,
et réuni aux prisonniers que les Bavarois entraînaient
et maltraitaient rudement. Parmi ces prisonniers étaient
l'un de mes fils, pris dans les appartements du Cercle
de l'Union, sur la place St-Barthélemy, au-dessus du
café du Commerce, d'où les Allemands prétendaient,

route Nationale de Paris au Mans, par celles de la Rouge
et du Theil, et celle de Ceton. A 8 heures du soir, La Ferté
était envahie simultanément par toutes ses principales
artères. Il ne s'y trouvait plus que quelques traînards
débandés, deux postes de gardes nationaux sous les armes,
établis, l'un près de la gendarmerie, au carrefour des routes
du Mans, de Saint-Calais et d'Authon, et l'autre en face de
l'hôtel de la Mairie, sur la place Saint-Julien. En prévision
de l'éventualité d'un combat, des cartouches avaient été
distribuées aux gardes nationaux encore armés de fusils à
piston, par la mairie, obéissant à des ordres supérieurs.
Lorsque les Bavarois pénétrant en longues files serrées,
arrivent en silence sur la place Saint-Barthélemy, au milieu
d'une obscurité profonde, ils sont salués par une décharge
générale du poste de la gendarmerie ; un officier tombe, la
cuisse traversée d'une balle. Après le premier moment
de surprise, les Allemands répondent par un hurrah formi-
dable, et par une fusillade intense qui s'étend bientôt à
toutes les rues de la ville et fouille les quartiers suspects.
Les victimes, des habitants paisibles, des mobiles sans
défense, ne sont que trop nombreuses. MM. Leprince,
Cohin, Hervé, sont mortellement frappés à quelques pas

à tort, que l'on avait fait feu. Avec mon fils (1), et dans le même local, avaient été pris : M. Couasnon, propriétaire à Cherré, âgé de 67 ou 68 ans, et M. Lussault, fils, tanneur à St-Antoine. Tous les trois n'ont échappé qu'à grande peine à un sort fatal et non sans avoir reçu de rudes coups, même de la part d'un officier supérieur, à cheval, qui les assommait de coups de plat de sabre, en leur criant « Bismarck anéantira votre ridicule République ». M. Herpin reçut en même temps, et de cet officier, un violent coup de sabre sur la tête.

Pendant que cette scène se passait dans le faubourg des Guillotières, que les prisonniers se croyaient à leur dernière heure, et qu'on les alignait le long des murs, avec une lumière à la main, comme le duc d'Enghien dans les fossés de Vincennes, nous qui siégions à l'hôtel de ville, nous étions enlevés par un détachement ennemi, et conduit au nombre de trois, le maire, M. Sancier, notaire, et moi, conseillers municipaux, au général allemand, qui se tenait à un kilomètre de là, sur la route de Paris, et n'était pas entré dans la ville. Le maire, seul, avait été appréhendé au corps et nous l'avions suivi volontairement à sa prière.

de leur porte, les sieurs Jeffray, Hubert, quelques soldats qui s'efforcent de s'échapper, sont tués au milieu des rues. A la Croix-Verte, en Cherreau, le sieur Dodier reçoit la mort, au milieu des siens, et dans sa maison même. Deux autres habitants disparurent, et l'on ne retrouva leurs cadavres qu'après plusieurs jours de recherches. Du côté des Allemands, il y eut, dit-on, quelques morts : leurs corps, discrètement enlevés, furent enterrés par eux sans bruit.

(1) M. Louis Charles.

Ce général, dont j'ignore le nom, nous reçut convenablement et nous engagea « à rentrer en ville, à nos « risques et périls, pour faire cesser une défense inutile, « et lui éviter le regret de brûler La Ferté avec son « artillerie, en batterie près de lui ; » il tenait à nous la faire voir, ce dont nous le dispensâmes. Il nous donna une heure pour nous exécuter ; ce délai passé il devait ouvrir le feu. Le maire, M. Sancier, et moi, nous rentrâmes donc à La Ferté ; nous parcourûmes ses rues désertes avec un tambour, en criant, après chaque roulement, que toute défense *individuelle* était désormais inutile ; que la ville était prise par des forces considérables ; qu'il fallait éclairer les fenêtres et laisser les portes des maisons ouvertes, pour le logement de l'ennemi, choses convenues avec le général allemand ; les armes devaient être déposées sur la place de l'Eglise.

Le sac de la ville commença bientôt ; car en rentrant chez moi, par la rue Brûlée, j'entendais à quelques pas en arrière, des cris mêlés au bruit des fenêtres et des portes enfoncées à coups de crosses de fusil, quand les maisons ne s'ouvraient pas assez vîte. Des femmes s'enfuyaient affolées; l'une d'elles, une dame que je n'ai pu reconnaître à cause de l'obscurité, m'interpella violemment et me reprocha d'avoir désigné des maisons à la rage et à la dévastation des Allemands ; je m'aperçus vîte que la terreur lui avait ôté l'usage de la raison. C'est après avoir regagné mon domicile que je constatai l'absence de mon fils, dont personne, pendant quelque temps, ne put me faire connaître le sort. En parcourant lentement les rues qui avaient été principalement le théâtre de la fusillade et où j'avais vu quelques-uns de nos concitoyens étendus morts dans leur sang, j'appris qu'on avait fait des prisonniers et qu'ils étaient retenus dans le café du Commerce, sur la place St-Barthélemy. Je pus y pénétrer à la faveur du désordre et de la confusion qui régnaient encore et là j'aperçus mon fils, M. le maire de Cherré et plusieurs autres, entre des soldats encore surexcités, leur montrant des cartouches d'où sortaient à moitié de longues balles coniques qu'ils approchaient de leur front, avec une pantomime mena· çante. Après quelques mots échangés, je sortis comme j'étais entré, à la faveur du tumulte, et je pus ramener bien vîte au même lieu, un officier qui voulut bien m'accompagner lui-même pour calmer ses soldats. Cet officier, qui s'était établi avec plusieurs autres, chez M. Léopold Vallée, au coin de la rue de Paris et du Boulevard, je le dérangeai bientôt une seconde fois pour protéger et rassurer ma mère, fort âgée et paralytique, en danger au milieu de nombreux soldats qui saccageaient son domicile dont ils avaient enfoncé le portail à coups de hache. Comme je faisais appel, pour le décider à me suivre, à ses souvenirs de famille, « certainement, me répondit-il, j'ai une famille; j'ai « une femme, des enfants, je ne l'oublie pas, » et il me suivit une seconde fois sans délai. Je me rappelle cet officier comme un homme jeune, d'extérieur distingué, ayant les manières et le langage d'un français de la meilleure société, et ce n'est pas le seul de cette sorte que j'aie rencontré parmi les Allemands ; par contre,

j'en ai vu, un plus grand nombre encore, qui en diffé-
raient étrangement.

La position critique de mon fils me tint en éveil et en
mouvement une partie de la nuit, d'autant plus qu'on
entendait, de temps en temps, des coups de fusil isolés;
dès le jour, je repris mes démarches, sans autre résultat
que celui de me faire réunir aux prisonniers dont le
sort me tenait si fort à cœur. Relâché, je vis successi-
vement deux aumôniers, un catholique, l'autre protes-
tant; et enfin, vers six heures du soir, à l'hôtel du
Chapeau-Rouge, le général en chef lui-même, Von der
Thann. Je fus reçu dans une chambre du premier
étage, où je me trouvai en présence de deux officiers
supérieurs, dans le plus brillant uniforme militaire. L'un
d'eux m'adressa la parole de la manière la plus polie,
dans les termes et à la façon du meilleur monde, voulut
me faire asseoir et me faire couvrir. J'exposai le but
de ma visite et l'on me répondit d'une façon presque
amicale que s'il n'était pas si tard, on ferait relâcher,
dès le soir même, la personne qui m'intéressait. Je me
retirai plein d'espoir, laissant, par écrit, aux mains du
général, la désignation et les renseignements suffisants
pour faire reconnaître mon fils et le faire relâcher.
Or, dans la nuit même, une députation d'habitants de
La Ferté, de dames mêmes, je crois, qui s'inquiétaient,
non sans raison, du sort des prisonniers, tentait en leur
faveur une démarche auprès de l'état-major allemand
et du général; elle obtenait une satisfaction presque
complète, mais mon fils fut *nommément* excepté de

l'amnistie, grâce, je le crains, à ma démarche impru-
dente auprès de Von der Thann, et à la note que je lui
avais laissée.

Le lendemain, 24 novembre, au jour, je me trouvais
à la porte de l'église de La Ferté, où nos prisonniers
avaient passé la nuit, et où un détachement attendait
les otages pour les emmener dans la direction de
Nogent-le-Rotrou. Le maire de St-Antoine, M. Chevalier,
s'y était rendu de son côté. Il sollicitait vivement en leur
faveur une sorte de commissaire, moitié civil, moitié
militaire, qui se faisait appeler M. Richard et qui m'avait
semblé, dès la veille, jouir d'une véritable autorité
auprès de l'état-major allemand. M. Chevalier plaidait
chaleureusement leur cause, principalement de ceux qui
lui étaient connus, et qu'il supposait, *à tort*, inconnus
du commissaire. Il lui proposait même de partir à leur
place et de servir d'otage, ajoutant que sa notoriété
personnelle valait bien celle de ceux qu'on emmenait
et devait le faire préférer. C'est alors que Richard,
désignant mon fils, dit : « Celui-là, c'est le fils de
l'adjoint, il paiera pour les autres, » et rompit brusque-
ment l'entretien pour donner le signal du départ. Néanmoins, la généreuse proposition du maire de St-Antoine
lui valut la délivrance toute gratuite de deux de ses
administrés, auxquels le commissaire rendit la liberté.

Les prisonniers furent rapidement emmenés sur la
route de Paris et passèrent par Nogent-le-Rotrou, où
des officiers allemands, postés sur le chemin, leur
cinglèrent les jambes de coups de fouet. Ils traversèrent

le champ de bataille de La Fourche, où tous les mobiles français n'étaient pas encore enterrés, quoique le combat datât de cinq ou six jours déjà, et arrivèrent à Montlandon, dans la Beauce, après une marche de dix heures au moins, supportée sans nourriture autre que quelques débris de biscuit, donnés par les soldats allemands, et des pommes à cidre ramassées sur la route. Au reste, l'ordinaire du détachement ennemi n'était guère plus confortable et n'accusait pas des estomacs difficiles ; on a vu quelques soldats de ce détachement dévorer des poissons tout crus et manger des fromages pris à La Ferté, en guise de pain. Pour donner une idée de la résistance du soldat allemand à la fatigue, nous dirons que ceux qui ont été chargés de conduire les otages et les prisonniers à Montlandon avaient passé une première nuit dans l'église de La Ferté, du 23 au 24 ; que le lendemain ils fournirent une course de 45 kilomètres avec la nourriture que nous savons ; qu'ils passèrent une deuxième nuit autour de la mairie de Montlandon à garder les prisonniers, et que le vendredi matin ils reprirent la route de Chartres.

L'officier qui les commandait semblait aussi solide qu'eux et suivait à peu près le même régime. Durant la route, quelques mauvais sujets de son peloton paraissaient décidés à maltraiter certains prisonniers : l'officier dit sévèrement à ses hommes, en leur montrant les Français : « Ils ont bien fait, ils défendent leur pays. »

A La Ferté même, le soir de l'invasion, le mardi 22
novembre, à 9 heures, des allemands entraînaient un
français que son costume désignait assez comme appar-
tenant aux corps francs ; ils le montrèrent à un officier
en prononçant ce seul mot qui leur paraissait un juste
arrêt de mort : « Franc-tireur ! » L'officier leur répondit
durement : « Non, mobile, » et le fit ranger parmi les
prisonniers.

Par contre, on dit qu'à St-Antoine un malheureux
mobile, présentant son arme pour la rendre, a été tué
par un officier allemand. Toutefois, on n'a pu me citer
les témoins du fait. Mais ce dont j'ai été témoin, c'est
de la lâche brutalité de soldats et d'officiers, se ruant à
coups de pied, à coups de fouet, sur de malheureux
prisonniers civils, qu'on menait dans nos rues, comme
un troupeau de bétail. Je faisais partie de ceux-ci avec
mon fils ; au détour de la rue de la Masure, se tenait
un officier qui se jeta à coups de pied sur un grand
jeune homme, frêle d'apparence, et parfaitement inoffen-
sif, M. Camille Laplante, de La Ferté, entraîné avec
nous pour avoir voulu porter secours à M. Cohin,
blessé à mort.

Les officiers allemands prennent ces habitudes de
révoltante brutalité dans leurs rapports avec leurs
soldats, qu'ils maltraitent et battent sans pitié. On voyait
ces derniers recevoir les coups avec le plus grand
calme, et sans chercher à les éviter, tant la discipline
est rude chez eux.

J'ai remarqué plus d'une fois même et à regret, que

sous des dehors de bonne société, les allemands élevés
en grade cachaient une haine froide pour tout ce qui
était français et la volonté très-arrêtée de nous nuire
le plus possible. La théorie de la *Souveraineté du but*
est aussi chez eux poussée à ses dernières limites. Ils
n'auraient pas tué un français pour le plaisir de le tuer ;
mais entre la vie de femmes et d'enfants français et
quelques chances de plus ou de moins pour la réussite
de leurs plans, je ne pense pas qu'ils eussent hésité un
instant, ni que ces vies là eussent pesé un cheveu dans
la balance.

Tel était le système que le général Von der Thann me
fit entrevoir dans l'audience que j'ai eue de lui le mer-
credi 23 novembre, au soir. Il me paraissait souhaiter pro-
longer l'entretien, comme pour expliquer et justifier par
des considérations théoriques, certains faits qui lui reve-
naient en mémoire et qu'il supposait, non sans raison,
m'être connus et avoir donné de lui une fâcheuse
impression. Il me dit entre autres choses : « Je me
crois le droit et le devoir de sauvegarder la vie d'un
seul de mes soldats par tous les moyens possibles, »
soulignant les trois mots *devoir, seul et tous,* avec une
certaine énergie fort peu rassurante ; et il ajouta :
« Dites bien au Mans que je n'exposerai pas mes soldats
dans les rues pour les faire fusiller ; j'userai de mon
artillerie à distance et je le brûlerai ; j'en ai le droit. »
Cette dernière menace avait pour but de détourner les
soupçons de ses véritables projets ; il ne songeait point
à attaquer le Mans à cette époque, surtout le sachant

bien défendu, mais plutôt à prendre l'armée de la Loire de côté, pendant que les troupes du prince Frédéric-Charles, devenues libres par la prise de Metz, le remplaçaient de front entre Orléans et Paris, et permettaient son mouvement par La Ferté. Je déclinai, comme bien on pense, la commission dont on me chargeait, en répondant, ce qui était vrai, que je n'avais aucun moyen de m'en acquitter et de communiquer avec le Mans.

Son système d'aller droit au but sans se préoccuper de la légitimité et de l'humanité des moyens, ou plutôt en prétendant les légitimer par cette seule raison, *c'est la guerre*, que tous ils mettaient en avant en pareil cas, était à l'ordre du jour des armées allemandes. Les incendies, comme moyen d'intimidation, l'enlèvement d'otage pour faciliter l'exécution de certaines mesures, en ont été l'application ordinaire, habituelle ; ainsi en fut-il à La Ferté.

Peu de temps avant l'arrivée de l'ennemi dans notre ville, un ordre supérieur, venu du Mans, avait fait pratiquer, sur toutes les routes, des tranchées profondes avec une levée de terre en arrière, ne laissant qu'un train de voiture au milieu. De plus, trois agents du comité de défense, MM. Guillemare, Bollée et de Courcy, venus aussi du Mans, avaient disposé en avant de la ville, vers Avézé, sur la principale route de Paris, trois rangs successifs de mines ou torpilles, destinées à éclater au passage des armées ennemies ; d'autres engins devaient compléter un système de défense destiné à rendre impossible aux allemands l'entrée de notre Maine,

mais qui, pour réussir, eût eu besoin de leur propre concours. Ce concours ayant manqué, naturellement, l'entreprise échoua ; rien ne ralentit la marche des Bavarois; nulle mine ne partit, d'autant plus que tout le personnel dans le secret des torpilles, ingénieurs, piqueurs des ponts et chaussées, surpris par la brusque arrivée de l'ennemi n'eût que le temps de se mettre en lieu de sûreté ; et bien lui en prit. Car ces allemands pour lesquels tout moyen est bon à la guerre, ne nous ont jamais concédé la réciproque ; ils ne nous permettaient de nous défendre que d'une certaine façon, toléraient l'une, défendaient l'autre, sous peine de la vie, et les torpilles étaient rangées par eux dans cette dernière catégorie, avec les francs-tireurs. Le compte des inventeurs et des organisateurs des mines était réglé d'avance chez l'ennemi ; ils ont donc sagement fait de s'y soustraire à temps.

Quant à nous, gens de La Ferté, boulevard du Maine, on nous avait sacrifiés pour le salut de la contrée. L'ennemi entré dans nos murs, malgré les obstacles multipliés en avant, nous chargea de détruire nousmêmes et sans délai, tout ce système de défense. La liberté des otages fut mise à ce prix, leur vie même, pendant ces jours, dépendit certainement d'un accident fortuit, de l'explosion de l'une de ces mines dont les fils conducteurs émergeaient sur le talus des berges de la route de Paris. Et c'est là une des conséquences les plus iniques de cette odieuse responsabilité des otages dont les allemands ont si largement usé contre nous,

que la vie des plus innocents et souvent des plus
honnêtes gens d'une contrée était entre les mains
du premier malfaiteur venu qui, par odieux calcul ou
par esprit de vengeance, eût pu les compromettre
en commettant un méfait isolé et personnel à la
répression duquel il eût échappé facilement par la
fuite, tandis que les otages en auraient été les victimes,
soit immédiatement, soit par suite de mauvais traite-
ments qu'on ne leur ménageait guère en pareil cas. Il
est inouï que les Prussiens aient étouffé à ce point en
eux le sentiment de la justice la plus élémentaire et
qu'ils n'aient pas même compris qu'ils n'atteignaient
pas ainsi leur but.

Heureusement, il ne se produisit rien de pareil à
La Ferté ; un grand nombre d'habitants, transformés
en terrassiers, fut occupé toute la journée du jeudi 24,
sous la conduite des allemands, à recombler les tranchées des routes : quant aux mines, le secret de leur
existence ne fut pas révélé et elles n'ont été enlevées
qu'au cours de 1871. Le 25 novembre, les allemands
remettaient en liberté les otages emmenés à Montlandon.
Ceux-ci rentrèrent à La Ferté le soir même de ce
vendredi, après avoir fait à pied 80 à 90 kilomètres en
deux jours : telle était la disette qui régnait dans le pays
où les allemands avaient tout dévoré ou réquisitionné,
que les sept ou huit prisonniers fertois relâchés ne
purent trouver, sur leur route, qu'un peu de café froid
pour toute nourriture, à Nogent-le-Rotrou. Parmi eux
il y avait aussi M. Jalabert, médecin à Ceton (Orne),

ancien attaché à la médecine militaire, âgé de plus de
50 ans, petit, frêle, mais doué d'énergie et que j'ai vu
tenir résolument tête au commissaire Richard et lui
reprocher l'indignité qu'il y avait de l'arrêter, lui,
médecin, dans une tournée qu'il faisait pour soigner
les malades ; ce qui était vrai. La grande taille, les
menaces de cet allemand, si toutefois c'en était un, car
il ressemblait fort à un français du Nord, ne lui faisaient
nullement peur.

Ce vendredi là, le mouvement de Von der Thann
s'achevait ; toute une armée avec une artillerie et des
équipages considérables, était passée par La Ferté où
elle arrivait par plusieurs routes convergeant sur notre
ville. On put, de La Ferté, expédier des émissaires au
Mans et y donner avis du passage de cette armée et
de sa direction oblique ; mais on ne les crut pas et un
général, à la préfecture du Mans, affirma même, en leur
présence, que nous nous étions trompés ; que nous
avions vu double ou triple , prenant quelques mille
hommes pour une armée. Mais c'était lui qui prenait
ses illusions pour la réalité.

La Ferté a été envahie une deuxième fois du 15 au
20 décembre par quelque mille hommes de cavalerie,
avec de l'infanterie et de l'artillerie. Ce sont eux qui
ont brûlé Brisson, ferme et maison de campagne, l'une
des violences les moins justifiables que nous ayons
vues. (1) L'incendie dura plusieurs jours, un détache-

(1) Le gros du détachement, composé surtout de Hano-
vriens, était logé à La Ferté. Une grand'garde, qui comptait
quarante hommes environ et deux ou trois officiers,

ment veillait à ce que le feu accomplit son œuvre et défendait l'approche des lieux. Le fermier de Brisson eut à souffrir des tortures physiques et morales telles qu'on dit dans le pays « qu'il a l'âme chevillée dans le corps » pour n'y avoir pas succombé.

La troisième invasion a eu lieu le 8 janvier, dimanche, jour des Rois, à une heure et demie du soir. Dans la nuit du 7 et dans la matinée du 8, les débris du corps français du général Rousseau dispersés à La Fourche après plusieurs jours de combat, s'étaient concentrés autour de notre ville ; on avait même disposé sur les hauteurs, en avant de la ville, vers le Mans et Paris, quelques pièces d'artillerie, restes d'une batterie entamée à La Fourche. L'ennemi tournait La Ferté pendant ce temps-là, et il l'abordait du côté de l'Est, vingt minutes seulement après le départ du général Rousseau et de s'installe à Brisson, à deux kilomètres en avant de la ville, sur la route du Mans. Nos troupes n'étaient distantes que de quatre lieues et tenaient les hauteurs voisines de Connerré. Informés des dispositions prises par l'ennemi, les Français conçurent le dessein d'enlever le poste de Brisson par une pointe hardie. Une colonne mobile d'une centaine d'hommes accepte cette mission et arrive dans la nuit, par des chemins écartés en face de l'ennemi. La sentinelle, surprise à l'improviste, est renversée sur le talus de la route et achevée à coups de baïonnette, avant d'avoir pu donner l'alarme. La ferme est cernée et les soldats prussiens faits prisonniers sans avoir eu le temps de résister. Mais quelques coups de pistolet avaient éveillé les officiers logés dans la maison de maître ; cette circonstance les sauva. Sans perdre de temps, la petite troupe, montée en partie sur les chevaux enlevés à l'ennemi, regagna promptement les avant-postes français avec ses prisonniers et son butin.

ses troupes, qui eussent été enveloppées ou du moins prises par derrière, sans leur mouvement de retraite vers le Mans.

Quelques centaines de malheureux soldats français harassés, boiteux, suivaient en s'appuyant sur des bâtons, sur des branches d'arbre, mais de loin, le gros de leur corps ; puis venaient à portée de fusil, triste spectacle ! les Prussiens, qui eussent pu les balayer s'ils eussent voulu ; mais ils dédaignaient cette proie facile, avaient l'air de l'escorter et de la surveiller, sans faire feu. Leurs officiers nous ont dit depuis : « Qu'ils ne faisaient pas la chasse, mais la guerre aux Français, » et ils reprochaient le contraire à nos francs-tireurs ; c'est du moins ainsi qu'ils expliquaient et prétendaient justifier leurs haines contre eux.

Telle était l'opinion du général de Thann, dès le 29 novembre, lors de l'entretien que j'eus avec lui. Il mettait sur leur compte le malheur de La Ferté, et il leur attribuait sa tentative de défense qu'il qualifiait d'insensée, d'impraticable et d'inutile ; sur ce dernier point, il avait raison. Mais nous avions reçu du Mans l'ordre *impraticable* de nous défendre, et d'arrêter à La Ferté tout ce qui battait en retraite, soldats et muni- tions, à la suite du désastre de La Fourche. Il nous était interdit de leur délivrer, à la mairie, aucun laisser-passer ; j'y ai siégé comme adjoint, une fois seul, vers une heure, en l'absence du maire, et toute cette triste journée du 22 ; j'ai dû signifier cette défense formelle, à un malheureux officier âgé et décoré, qui me dit les

larmes aux yeux : « Donnez-moi deux cents hommes de
bonne volonté, j'irai jusqu'à la butte de Queue, sur la
route de Nogent, où j'ai vu des retranchements et
j'attendrai là l'ennemi. » Mais la débandade des soldats
et leur démoralisation étaient complètes....

Veuillez, monsieur, excuser le décousu de cette
lettre, écrite au courant de la plume, et ne la consi-
dérer que comme une série de jalons provisoires, de
points de repère destinés à relier entre eux des maté-
riaux plus complets que vous obtiendrez sans doute
d'ailleurs.

ALF CHARLES.

La Ferté-Bernard, 20 mars 1872.

MAMERS. — TYP. G. FLEURY ET A. DANGIN. — 1878.